Vente des Mardi 30 et Mercredi 31 Mars 1869

COLLECTION

DE FEU

M. LE DR LÉGER D'ALENÇON

OBJETS D'ART

ET DE CURIOSITÉ

MÉDAILLES, LIVRES ANCIENS & TABLEAUX

EXPOSITION PUBLIQUE : le Lundi 29 Mars 1869

Me CHARLES PILLET

COMMISSAIRE-PRISEUR

MM. ROLLIN ET FEUARDENT, DELAROQUE ET MANNHEIM

EXPERTS

CATALOGUE

DES

OBJETS D'ART

ET DE CURIOSITÉ

Émaux de Limoges; — Faïences françaises et autres;
Gres de Flandres; — Armes;
Belles pièces en ancienne porcelaine de Chantilly;
Porcelaines de Sèvres, de Saxe et de Chine;
Belle horloge de bureau du xvie siècle aux armes des Montmorency;
Beau miroir du temps de Louis XIV;
Grand et très-beau cabinet Louis XIII enrichi d'incrustations
de cuivre et d'argent;
Autres beaux meubles en bois sculpté et autres;
Quelques tableaux et miniatures;
Tapisseries: — Étoffes:
Médailles: — Livres des XVIe et XVIIe siècles.

COMPOSANT LA COLLECTION

De Feu M. le Dr LÉGER D'ALENÇON

DONT LA VENTE AURA LIEU

HOTEL DROUOT, Salle N° 3

Les Mardi 30 et Mercredi 31 Mars 1869

A DEUX HEURES

Par le ministère de Me **CHARLES PILLET**, Commissaire-Priseur,
10, rue de la Grange-Batelière,

Assisté, pour les Objets d'art, de **M. Ch. MANNHEIM**, Expert, rue St-Georges, 7

Pour les Médailles, de MM. **ROLLIN** et **FÉUARDENT**, experts,
12, rue Vivienne.

Et pour les Livres, de M. **DELAROQUE**, Expert, 21, quai Voltaire.

EXPOSITION PUBLIQUE

Le Lundi 29 Mars 1869, de une heure à cinq heures.

CONDITIONS DE LA VENTE.

Elle sera faite au comptant.

Les adjudicataires payeront *cinq pour cent* en sus des enchères.

L'exposition mettant le public à même de se rendre compte de l'état des objets, il ne sera admis aucune réclamation une fois l'adjudication prononcée.

Paris. — Imp. de PILLET fils aîné, rue des Grands-Augustins 5.

DÉSIGNATION DES OBJETS

MÉDAILLES & MONNAIES

1 — Charlemagne. Louis-le-Débonnaire. Charles-le-Chauve. Saint Louis. Philippe IV. Charles IV. Le roi Jean. Charles V. Charles VI. Louis XI. François Ier, etc., etc. 40 pièces.

Choisies, argent et billon.

2 — Monnaies françaises, *argent et billon*, de Charlemagne à Louis XVI.

3 — Argent et billon frustes, etc. 175 pièces.

4 — Monnaies seigneuriales de Bretagne, Béarn, Bourgogne, Flandre, etc.; plusieurs rares, lot choisi. 40 pièces.

5 — Monnaies seigneuriales, argent et billon. 108 pièces.

6 — Charles-le-Mauvais (grand blanc) **KLS NAVRO REX** en trois lignes dans le champ, autour **MONETA DVPLEX ALBA** et **KAROLVS DEI CRA** croix cantonnée de deux étoiles.

Belle et très-rare pièce.

7 — *Perche.* **PEPTICENSIS** croix sans légende. Type blésois.

Belle obole, très-rare.

8 — Monnaies étrangères en argent et billon. 282 pièces.

9 — Monnaies gauloises, argent, bronze et potin. 31 pièces.

10 — Monnaies grecques en bronze. 78 pièces.

11 — Monnaies consulaires en argent. 17 pièces.

12 — Monnaies impériales du haut empire en argent. 81 pièces.

13 — Monnaies impériales du moyen empire en billon. 91 pièces.

14 — Grands bronzes romains. 186 pièces.

— Moyens bronzes romains. 206 pièces.

16 — Petits bronzes romains. 485 pièces.

17 — Monnaies françaises et étrangères en cuivre. 350 pièces.

18 — Monnaies françaises et étrangères en cuivre. 335 pièces.

19 — Jetons en cuivre. 240 pièces.

20 — Jetons en cuivre. 235 pièces.

21 — Médailles religieuses en cuivre. 67 pièces.

22 — Monnaies, médailles, décorations, plaques, boutons, etc., de la République; en cuivre, plomb et fer. 107 pièces.

23 — De l'Aubespine, Étienne Paschasius, Henri II, Alexandre Farnèse. 4 médailles artistiques.

24 — Médailles modernes en bronze. 80 pièces.

25 — Un lot de poids en cuivre. 18 pièces.

26 — Un lot de médailles en plomb et de pièces fausses en cuivre.

LIVRES

27 — **Tablettes de la vie et de la mort**, par Pierre-Mathiev. Nyort, 1624, petit in-8° oblong, *rel. en vélin, fig. sur bois, mouillé.*

28 — **Ambassade de la compagnie orientale** des provinces unies vers l'empereur de la Chine, par Nieuhoff, Leyde, 1665, in-f°, veau brun. Figures.

29 — **Panthée**, tragédie de M. de TRESTON, Paris 1639, in-4° vélin.

30 —**Histoire des pays et du comté du Perche et du duché d'Alençon**, par GILLES BRY. Paris 1620, in-4° vélin, *mouillé*.

31 — **Histoire générale de Normandie**, par DU MOULIN. Paris 1631, in-f° vélin, *mouillé et fatigué*.

32 — **Recueil d'ornements**, in-f° vélin.

33 — **Eudoxe**, tragi-comédie, par M. DE SCUDERI. Paris 1641, in-4° vélin.

34 — **Kalendrier des bergiers** (le). Lyon 1502, in-4° vélin, *imprimé en gothique. Figures sur bois.*

35 — **Manuscrit sur vélin** avec lettres et entourages, in-18, rel. veau.

36 — **Images des Dieux** (les) anciens, contenant les idoles, coustumes, cérémonies et autres choses appartenant à la religion des payens, par Vincent Carteri, traduites de l'italien en français par Antoine du Verdier. Lyon 1571, in-4° veau brun. *Figures sur bois.*

37 — **Historiæ biblicæ** veteris et novi testamenti, 1748. In-f° oblong, veau brun (*orné de 100 figures. Belles épreuves*).

38 — Covstvmes dv pays de Normandie, anciens ressorts et enclaves d'icelvy, avec les arrests de la Court de parlement. Lisle 1589, in-f° vélin (incomplet).

39 — Saincte Franciade (la) contenant la vie, gestes et miracles du bienheureux patriarche Sainct François. Paris 1634, in-8° vélin.

40 — Capucin écossois (le). Histoire merveilleuse et trèsvéritable arrivée de nostre temps, traduite de l'Italien de J.-B. Rinvcci par le R. P. François Barravt. Paris Guignard 1650. 4 parties en un vol. in-12, maroquin rouge. (Titre et têtes de pages imprimés en or et couleur).

41 — La harangve faicte à Tovrs l'an mil CCCCXXXIII au mois de février, devant le roi Charles huictieme et son Conseil, par maistre Jean de Bely. Paris, Galliot du Pré, 1558, in-8° dérelié (manque le titre).

42 — Lettres patentes du roy qui approuvent et autorisent les réglements de la Confrérie de charité, établie dans l'église de Nostre-Dame-d'Alençon en l'année 1616. Alençon 1737, in-8° cart.

43 — Manuscrit sur papier, XVI° sciècle, 37 feuillets in-f° *avec lettres majuscules coloriées.*

44 — Stances chrestiennes sur divers passages de l'Escriture Sainte et des Pères. Paris, Denys Thierry et Claude Barbin, 1669, in-8° rel.

45 — Peintvres chrestiennes divisées en deux parties, par Nicolas Talon. Paris, Cramoisy 1647, in-8° (rel. fatiguée).

46 — Office de la Semaine Sainte à l'usage de la maison du Roy. Paris 1741, in-8° maroquin rouge à plaque.

47 — Heures à l'usage de Paris imprimées par Germain HARDOUYN, in-8°, rel. veau à plaque avec fermoir, XVIᵉ sciècle, *imprimé en gothique et orné de 17 grandes miniatures.*

48 — Heures à l'usage de Rome imprimées à Paris par Guillaume Godard, in-8° veau *sur vélin avec miniatures.* Imprimé en gothique et orné de dix grandes miniatures.

49 — C'est l'ordre qui a été tenu à la novvelle et joyeuse entrée, que très-haut, très-excellent et très-puissant prince le roy très-chrestien Henry deuzième de ce nom, a faicte en sa bonne ville et cité de Paris, capitale de son royaume, le seizième jour de juin MVXLIX. On les vend à Paris chez Jacques Roffet. — Epitalmio di M. Gabriel Symesni fior sopra l'vtile della Pace et la celebratione delle nozzi del Re catolico et de l'illustrissimo duca de Sauvia, 1759. — La magnifica et triumpha entrata del christianiss re di Francia Henrico secondo et cettœ, di Lyone, 1549, 3 pièces in-4° réunies en un vol. *Figures sur bois.*

50 — Environ vingt volumes anciens incomplets seront vendus sous ce numéro.

MEUBLES

51 — Très-beau miroir de toilette du temps de Louis XIV,
en marqueterie de Boule, écaille et cuivre, première
partie, richement garni de bronzes dorés.

52 — Joli petit meuble-cabinet de forme monumentale, et
formant coffret, entièrement plaqué d'écaille et à moulures en nacre de perle. Il est enrichi de dragons fantas-
tiques et de dauphins en ronde bosse, exécutés en nacre
de perles, corail, turquoises et autres pierreries, et il est
surmonté d'une figure d'Amphitrite montée sur un dau-
phin de même travail. Les tiroirs intérieurs sont en
écaille. Epoque Louis XIII.

53 — Grand et beau meuble-cabinet entièrement couvert de
fines incrustations de filets d'argent et de cuivre sur bois
avec filets d'étain, et enrichi d'encadrements filigranés en
cuivre doré. Ce meuble, ainsi que sa table-support à six
pieds et entre-jambes, sont garnis d'ornements en bronze
finement ciselé et doré.
Pièce rare qui date de l'époque de Louis XIII.

54 — Autre grand cabinet en écaille rouge incrustée de filets
d'ivoire. La galerie qui couronne le meuble ainsi que la
table-support sont enrichis d'appliques en cuivre estampé.

55 — Jolie crédence en bois de chêne sculpté, à trois portes et
à deux rangs de panneaux superposés, sculptés à ornements gothiques, et portant les armes de France.
XVIᵉ siècle.

56 — Cabinet en bois d'ébène et écaille rouge, enrichi de
jolies peintures sur marbre blanc représentant des
paysages, des monuments et des ruines. Les encadrements des portes et tiroirs sont en cuivre repoussé. La galerie supérieure est surmontée de cinq figurines en ivoire.
Epoque Louis XIII.

57 — Autre cabinet fermant à deux portes en marqueterie de
bois de couleur. Il repose sur une table-support de même
travail. Epoque Louis XIII.

58 — Cabinet en bois d'ébène fermant à deux portes, enrichi
de jolies peintures par Paul Bril, représentant des paysages avec figures. Table-support en bois noir, à neuf pieds
tournés et entre-jambes.

59 — Très-petit cabinet en bois noir fermant à deux portes et
enrichi de statuettes en ivoire sculpté.

60 — Autre petit cabinet en marqueterie de bois, à porte à
abattant et contenant quantité de petits tiroirs.

61 — Coffre oblong offrant sur le devant un panneau en bois
sculpté de la Renaissance. Les autres parties de la pièce
sont garnies de tapisserie et d'étoffe brodée en point de
Hongrie.

62 — Autre coffre en bois incrusté de rosaces et de filets en
bois de couleur.

'63 — Jolie boîte à couvercle bombé en bois d'ébène, couverte d'une riche marqueterie d'étain. Époque Louis XIV.

64 — Joli fauteuil à pieds et bras tords se terminant par des têtes de lion, garni en drap violet enrichi de broderies en soie, rapportées en relief. Époque Louis XIII.

65 — Fauteuil analogue à celui qui précède. Les bras de celui-ci se terminent par des lions couchés et il est garni en velours noir avec armoiries brodées.

66 — Autre fauteuil analogue garni en tapisserie à fond blanc.

67 — Deux chaises en bois sculpté à dossiers élevés ; l'une garnie en étoffe brodée et l'autre en cuir de Cordoue.

68 — Paravent chinois à six feuilles, garni de papier peint en couleurs et représentant des paysages avec figures.

69 — Trois hauts-reliefs sans fond en bois de chêne provenant d'un retable, représentant deux scènes tirées de la Passion de N.-S.

70 — Deux figurines en bois sculpté ; saints personnages debout.

71 — Rouet en bois noir enrichi de garnitures d'ivoire XVI⁰ siècle.

72 — Miroir de forme oblongue à angles coupés, dans un cadre en cuivre ciselé à fleurs. Époque Louis XIII.

73 — Miroir Louis XIII avec cadre en bois à moulures garni
d'appliques en cuivre estampé.

74 — Frise en bois sculpté représentant une figure de Diane
au centre et deux figures allégoriques aux extrémités.
Travail français du XVIᵉ siècle.

ÉMAUX DE LIMOGES

75 — Deux beaux volets de triptyque. — Peinture en émaux
de couleurs et à paillons imitant les pierres précieuses, at-
tribués à Nardon-Pénicaud.

L'un d'eux représente le Couronnement d'épines et
l'autre la Flagellation. Dans le haut des génies soutiennent
des écussons portant le chiffre du Christ.

76 — Deux plaques en forme de losange. — Peinture en
émaux de couleurs attribuées à Léonard Limousin. Elles
offrent les bustes de Paris et de Pirame, représentés en
riches costumes du XVIᵉ siècle, avec encadrements de
lauriers et armoiries.

77 — Six assiettes. — Peinture en grisaille teintée sur fond
bleu, attribuée à Pierre Pénicaud. Elles offrent à l'intérieur des sujets tirés de l'Ancien Testament, et à l'extérieur des bustes d'hommes et de femmes dans des médaillons ronds entourés de groupes de fruits et enroulements.

78 — Salière de forme hexagone. — Peinture en grisaille et
couleurs sur fond bleu. Ghacun de ses pans est décoré
d'une figure d'enfant et les cavités de bustes. xvıᵉ siècle.

79 — Baiser de paix. — Peinture en émaux de couleurs,
attribuée à Nardon-Pénicaud.

La Vierge vue à mi corps, tenant son divin fils assis sur
son bras droit.

Cadre de forme cintrée en cuivre doré. Le revers offre
une plaque de cuivre doré portant trois figures de saints
Apôtres, gravées au trait, d'un beau caractère.

Premières années du xvıᵉ siècle.

80 — Jolie petite coupe ronde et basse, repoussée à bossages
et à deux anses en S. — Peinture en grisaille sur fond
noir, par Jean Laudin.

Elle offre à l'intérieur le sujet d'Orphée charmant les
animaux, et à l'extérieur des rinceaux élégants. Le fond
présente un paysage émaillé en couleurs.

FAIENCES

81 — Beau plat ovale en faïence de Bernard Palissy, modéle
à reptiles et coquillages émaillés en couleurs.

82 — Coupe ronde en faïence de Bernard Palissy, offrant au
centre un groupe de figures d'enfants bacchants. Le bord
festonné est décoré de fleurons.

83 — Jolie coupe ovale en faïence de Bernard Palissy, décorée de fleurons émaillés ·en couleurs et découpée à jour. La cavité centrale est jaspée.

84 — Deux gourdes en ancienne faïence de Marseille, décorées de fleurs en camaïeu vert.

85 — Deux plaques carrées en ancienne faïence de Castelli, présentant dans des médaillons ovales des figures allégoriques.

86 — Plaque ronde en ancienne faïence de Castelli, représentant le lavement des pieds.

87 — Coupe ou plateau rond sur piédouche de même faïence représentant un sujet biblique.

88 — Plateau rond en faïence d'Urbino, décoré de grotesques et présentant au centre un écusson soutenu par deux figures de génies ; le tout décoré en couleurs sur fond blanc.

89 — Petit plat rond en faïence italienne, représentant le sujet de Joseph vendu par ses frères.

90 — Sucrier, modèle vase, en ancienne faïence de Rouen, décor bleu et rouille.

91 — Pot attrape en ancienne faïence d'Avignon à feuillages émaillés vert sur fond brun.

92 — Vase porte-fleurs en terre émaillée vert avec figures de saints personnages en haut relief.

93 — Baril à anses en terre émaillée de Beauvais portant les
armes de France en relief.

94 — Gourde en grès de Flandres, émaillé gris, violet et bleu,
et portant en relief des armoiries, des fleurs de lis et des
mascarons, xvie siècle.

95 — Petite gourde en faïence de Nevers, décor polychrome
à figures et ornements.

96 — Deux petites gourdes à panse sphérique décorées de
fleurs de lis, de médaillons et de rosaces en relief émaillés
bleu, gris et violet.

97 — Deux pièces : grand vase cylindrique et bouteille en
ancienne faïence de Delft à décor en camaïeu bleu, de style
chinois.

98 — Cruche en grès émaillé brun à mascarons en relief.

99 — Plat rond en faïence de Rouen ; décor, à rosaces et ornements en camaïeu bleu.

100 — Salière carrée en grès de Flandres émaillé gris et bleu
et à ornements repercés à jour.

101 — Deux carreaux en faïence provenant de poêles alle-
mands. L'un d'eux offre une figure d'homme en relief
émaillésen couleur et surmontés du nom H. HANS.

102 — Fort lot de carreaux en faïence et en terre émaillée
dont quelques-uns à dessins très-curieux du xvie siècle.
Ce lot sera divisé.

103 — Fontaine en faïence à décor en camaïeu bleu.

104 — Groupe incomplet en faïence émaillée en couleurs ; Bacchus assis sur un tonneau et enfant satyre.

105 — Deux porte-fleurs, modèle bateau, en faïence de Nevers, à décor de fleurs en camaïeu bleu.

106 — Grande fontaine, modèle vase, à deux anses mufles de lion à décor en camaïeu bleu.

PORCELAINES

107 — Deux jolis brûle-parfums en ancienne porcelaine de Chantilly, formés de petits vases à côtes et à couvercle reposant sur un rocher et près duquel est un tigre en ronde bosse. Les deux pièces se font pendant. Belle qualité, modèle très-rare.

108 — Deux pots à anse et à gorge évasée en ancienne porcelaine de Chantilly, décorés de fleurs et de figures de style chinois.

109 — Eléphant couché en ancienne porcelaine de Chine, décor dit de style coréen.

110 — Sucrier de forme cylindrique à deux anses et couvercle en ancienne porcelaine de Chine, décoré en émaux de la famille verte.

111 — Trois plats à barbe, dont un en vieux chine décoré en émaux de la famille verte, les deux autres en vieux Japon.

112 — Beau plat rond en ancienne porcelaine de Chine décoré d'une chimère et d'oiseaux au centre, et de fleurs et de rosaces au bord ; le tout en émaux de la famille verte.

113 — Charmant petit pot à crème en ancienne porcelaine tendre italienne formé de deux chèvres couchées et enrichi de fleurs et d'insectes en relief.

114 — Jolie tasse avec soucoupe à cinq lobes en ancienne porcelaine de Saxe décorée de sujets en couleurs dans le style de Watteau.

115 — Tasse et soucoupe en vieux Sèvres, pâte tendre, fond gros bleu et émaux en relief imitant les pierres précieuses.

116 — Petit vase, forme tulipe, en vieux Sèvres, pâte dure, fond gris perle et médaillons de paysage, fleurs et fruits.

117 — Deux statuettes en porcelaine de Saxe, jeunes filles assises avec costumes de dentelles.

118 — Statuette de jeune paysanne en ancienne porcelaine blanche de Mennecy.

119 — Deux moutardiers, ancienne porcelaine de Sèvres, pâte tendre, décorés de fleurs ; l'un d'eux avec plateau.

120 — Trois tasses de mêmes porcelaine et décor; l'une modèle
cul-de-poule, les deux autres de forme droite.

121 — Petit vase en ancienne porcelaine de Chine, décoré de
figures et de paysages en émaux de couleurs.

122 — Ecuelle, soucoupe et pot à crème en porcelaine blanche à fleurs et festons de lauriers en relief.

123 — Deux petits seaux en ancienne porcelaine de Sèvres,
pâte tendre, décorés de bouquets de fleurs en couleurs.
L'un d'eux est fêlé.

124 — Deux pièces : Chimère en ancien blanc de Chine et
brûle-parfums en terre de Bocaro, les deux pièces mon-
tées en bronze.

125 — Vase de forme ovoïde en vieux Japon décoré de fleurs
en camaïeu bleu.

SCULPTURES

126 — Terre cuite. — Médaillon ovale présentant une tête
d'enfant en haut-relief. Cadre en bois sculpté et doré.
Epoque Louis XIV.

127 — Albâtre. — Grand bas-relief représentant le Calvaire
et provenant d'un retable du xvᵉ siècle.

128 — Ivoire. — Petit amorçoir très-finement sculpté en haut-relief et offrant au pourtour le sujet de la Tentation de saint Antoine. xvIIᵉ siècle.

129 — Ivoire. — Deux râpes à tabac; l'une d'elles représente un buste de femme et l'autre un groupe de figures. Epoque Louis XIV.

130 — Ivoire. — Deux pièces : figure de sainte femme debout et petit Christ dans un cadre ovale.

131 — Bois. — Très-petit coffret finement sculpté à rinceaux et oiseaux, par Bayard de Nancy. Epoque Louis XIV.

132 — Bois. — Grande et belle râpe à tabac de mêmes style et époque que la pièce qui précède.

OBJETS VARIÉS

133 — Très-jolie horloge de bureau de forme circulaire en cuivre doré, très-finement gravé à paysages et sujets tirés de l'Ancien Testament. Le dessus dômé se compose de cariatides et de rinceaux repercés à jour. Cette pièce date du xvIᵉ siècle et porte les armoiries de la princesse Félise des Ursins, duchesse de Montmorency.

Le mouvement porte le nom de Fieret.

Etui de voyage en maroquin rouge doré au fer.

134 — Petit reliquaire à deux compartiments fermant à volets
en cuivre gravé à figures et doré. Les volets offrent à
l'extérieur le sujet de l'Annonciation. xive siècle.

135 — Deux médaillons ovales peints à l'huile sur cuivre
doré. L'un d'eux représente la Vierge vue à mi-corps
allaitant son divin Fils, et l'autre le buste de saint François. Cadres en cuivre doré, ornés de têtes de chérubins
en relief. Epoque Louis XIII.

136 — Clef à tête en cuivre finement ciselé et doré, ornée de
têtes de lion et d'enroulements, et surmontée d'une couronne. — Epoque Louis XIV.

137 — Grande miniature carrée sur vélin. Enfant au maillot
(Louis XIV jeune) couché sur un coussin de velours rouge.
Dans un cadre filigrané en cuivre doré.

138 — Bel étui d'écuelle en maroquin rouge, entièrement
couvert de fleurs de lis dorées au fer. Epoque Louis XIV.

139 — Custode à couvercle conique en cuivre champlevé et
émaillé à réserves dorées. Limoges. xiiie siècle.

140 — Deux pièces en cuivre champlevé et émaillé : petite
croix et plaque ovale offrant une figure de saint personnage
assis et bénissant. xiiie siècle.

141 — Coffret à couvercle bombé entièrement garni en cuir,
gravé et gaufré à figures et ornements et portant des ins-
criptions latines, rehaussé de couleurs. Ouvrage très-curieux du xve siècle.

142 — Bas-relief en bronze; le Christ et la Vierge vus à mi-corps. Cadre à moulures en bois noir et bronze.

143 — Vingt-quatre boutons d'habit ornés de fixés et de peintures sur émail.

144 — Fuseau en bois tourné et repercé à jour.

145 — Trois peintures sur verre à fond d'or, dont deux dans des cadres en étain et fond de velours noir.

146 — Deux reliquaires ornés de miniatures dans des cadres carrés en bois sculpté et doré. Epoque Louis XIV.

147 — Modèle de meuble en bois sculpté et doré enrichi de broderies en soie.

148 — Divinité indienne en bronze.

149 — Coffret en cuir garni en fer et orné de fleurs de lis en cuivre. XVIe siècle.

150-152 — Trois coffrets gothiques en fer à ornements repercés à jour. Ils seront vendus séparément.

153 — Lot d'armes anciennes, telles que : casques, épées, poignards, hallebardes, lames d'épées, etc. Sera divisé.

154 — Hache d'armes orientale en damas damasquiné en or avec hampe garnie en argent repoussé.

155 — Poignée d'épée Louis XIII en acier ciselé repercé à jour.

156 — Amorçoir formé d'une coquille garnie en cuir avec fleurs de lis dorées.

157 — Trois croix de procession garnies en cuivre estampé et Christ en cuivre émaillé du xiiie siècle.

158 — Trois hallebardes dont une du xve siècle.

159 — Hallebarde en fer gravé et hampe en velours.

160 — Carabine et mousquet à rouet du xvie siècle.

161 — Hallebarde à très-longue lame.

162 — Epée de cour Louis XV à poignée en argent ciselé.

163 — Autre épée de cour en acier ciselé sur fond damasquiné d'or.

164 — Groupe de divinités indiennes en bois sculpté et peint.

165 — Deux petits chenets Louis XIII à boules en cuivre poli.

166 — Jeu d'échecs en os sculpté et peint.

167 — Lot de clefs en fer.

168 — Coffret en bois peint à figures et fleurs sur fond blanc et portant des armoiries. Epoque Louis XV.

169 — Coffret laqué sur fond noir et décoré d'oiseaux et de
fleurs en or.

170 — Tabatière en écaille posée d'argent à figures et ornements et deux plaques de nacre dont une gravée à figures.

171 — Deux petits couteaux pliants et deux lancettes à man-
ches garnis d'argent.

172 — Deux tabatières en émail de Saxe à fond blanc.

173 — Deux autres tabatières, l'une en cuivre repoussé et
doré, l'autre en ivoire à sujet champêtre finement sculpté
et rapporté sur le couvercle.

174 — Boussole placée dans une boîte en ivoire finement
gravé avec cadran d'argent.

175 — Boîte ronde en ivoire sculpté; le dessus offre un sujet
de style flamand.

176 — Collier formé de boules en cristal de roche.

177 — Ecritoire formée d'un chapiteau ionique triangulaire
en bronze ciselé et doré. Epoque Louis XV.

178 — Deux bras-appliques, du temps de Louis XIV, à une
lumière en bronze argenté.

179 — Lot de statuettes égyptiennes antiques en terre émaillée
en bronze et en bois.

180 — Deux petits lustres appliques garnis de boules de
verre.

181 — Etui en cuir gaufré du xv⁰ siècle.

182 — Verrous et applique en fer découpé à jour. xv⁰ siècle.

183 — Belle boîte à poids en bronze. xvı⁰ siècle.

184 — Peinture sur coquille nacrée représentant l'Adoration
des Mages, dans un cadre carré en cuivre gravé, ivoire
et écaille.

TAPISSERIES & TENTURES

185 — Tapisserie à la main du temps de Louis XIII à fleurs
et rinceaux de couleurs rehaussée de tubes de verre
blanc.

186 — Mannequin de femme vêtue d'un riche costume en
soie blanche, brochée à fleurs et garni de guipures.
Grandeur nature. Son chapeau est en soie bleu brodée
en paille.

187 — Jolie aumônière en velours rouge brodée en fin et fleurdelisée.

188 — Trois morceaux de satin blanc brodés à fleurs, figures et ornements en soies de couleurs.

189 — Divers morceaux en satin blanc broché à larges fleurs et provenant d'une robe.

190 — Deux sacs et un bonnet brodés en fin et en soies de couleurs.

191 — Quatre morceaux de tapisserie au petit point, provenant de chasubles. XVIᵉ siècle.

192 — Fort lot de cuirs de Cordoue pour tentures.

193 — Lot de tapisseries et guipures anciennes.

TABLEAUX & DESSINS

194 — Tableau très-curieux sur cuir de Cordoue avec parties gaufrées. Portrait de femme vue à mi-corps en riche costume de la fin du XVIᵉ siècle.

195 — Triptyque de l'école gothique allemande. — Le volet gauche représente le sujet de la Crèche, le tableau central, l'Adoration des Rois Mages et le volet droit la Circoncision.

196 — École française. — Portrait de LOUISE BENEDICTE DE BOURBON CONDÉ, DUCHESSE DU MAINE. — Dans un cadre en bois sculpté et doré de l'époque.

197 — École française. — Portrait de femme dans un cadre du temps de Louis XIV, en bois sculpté et doré.

198 — École espagnole. — Portrait de saint évêque.

199 — École française du xvi° siècle. — Le Calvaire.

200 — Peinture sur cuivre. — Deux saints personnages en adoration.

201 — Procession de la Ligue en 1593. Tableau sur bois.

202 — Trois tableaux de l'école gréco-russe à fond d'or. Sujets religieux.

203 — Dessin au crayon rehaussé d'après Boucher. Vénus et l'Amour.

204 — Aquarelle représentant un sujet champêtre dans le style de Boucher.

205 — Deux dessins au crayon rouge par Natoire. Jeux d'amours.

206 — Tableau chinois peint sur soie représentant un paysage avec figures. Dans un cadre Louis XIV en bois sculpté.

207 — Deux miniatures sur vélin à sujets de style chinois avec cadres en bois sculpté et doré. Époque Louis XIV.

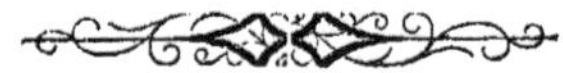

www.ingramcontent.com/pod-product-compliance
Ingram Content Group UK Ltd.
Pitfield, Milton Keynes, MK11 3LW, UK
UKHW031727170726
13836UKWH00001B/485